글 **조수연**(호시담심리상담센터)

서울대학교에서 교육 상담 전공으로 박사 학위를 받았습니다. 2006년부터 상담 심리사로 활동하고 있으며, 2018년 대학교수로 재직하다가 사람의 마음을 조금 더 가깝게 만나고 싶어 호시담심리상담센터를 시작했습니다. '좋은 시간을 이야기하다: 호시담'을 통해 연구·강의·심리 상담 등을 하고 있으며, 현재 서울대학교 교육학과 강사로도 재직하고 있습니다. 특히 '자존감 발견'이라는 개념을 통해 부모-자녀, 개인, 직장 내 행복을 위한 집필과 방송 활동을 활발하게 하고 있습니다. 펴낸 책으로는 『성격대로 키우는 부모학교』가 있습니다.

블로그: 좋은 시간을 이야기하다(호시담)
오디오 클립: 네이버 조수연의 마음쉼표
호시담심리상담센터: www.hosidampsy.com
당신의 포레스트: www.ur4rest.com

 글 **전판교**

2000년 만화가로 데뷔한 후, 어린이를 위한 글을 쓰고 있습니다. 어린이의 정서와 눈높이에 맞춘 재미있는 스토리 속에 필수 상식과 학습 등의 유익함을 주고자 연구하고 있습니다. 펴낸 책으로는 『퀴즈! 과학 상식-공포 미스터리』, 『도전! 문명 게임왕 시리즈』, 『도티&잠뜰-빅데이터』, 『도티&잠뜰-4차 산업혁명』, 『레벨업 카카오프렌즈-속담』, 『잠뜰TV 스틸하트-AI 로봇 VS 인간』, 『마이린 TV 시리즈』 등이 있습니다.

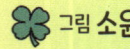 그림 **소윤**

2016년에 웹툰 『그림자 밟기』를 연재했으며 지금은 <케이툰>, <네이버 시리즈>, <다음> 등에서 서비스하며 새로운 작품을 준비하고 있습니다.

## 우리들의 MBTI ❶ 성격 유형

초판 1쇄 발행 2021년 8월 2일
초판 19쇄 발행 2025년 6월 9일

글 조수연(호시담심리상담센터)·전판교 그림 소윤

**펴낸이** 김선식
**펴낸곳** 다산북스

**부사장** 김은영
**어린이사업부총괄이사** 이유남
**책임편집** 윤보황 **디자인** 이정아 **책임마케터** 김희연
**어린이콘텐츠사업2팀장** 이지양 **어린이콘텐츠사업2팀** 이정아 윤보황 류지민 박민아
**어린이마케팅본부장** 최민용 **어린이마케팅1팀** 안호성 이예주 김희연
**편집관리팀** 조세현 김호주 백설희 **저작권팀** 성민경 이슬 윤제희 **기획마케팅팀** 류승은 박상준
**재무관리팀** 하미선 임혜정 이슬기 김주영 오지수
**인사총무팀** 강미숙 이정환 김혜진 황종원
**제작관리팀** 이소현 김소영 김진경 이지우 황인우
**물류관리팀** 김형기 김선진 주정훈 양문현 채원석 박재연 이준희 이민운

**출판등록** 2005년 12월 23일 제313-2005-00277호
**주소** 경기도 파주시 회동길 490 **전화** 02-704-1724 **팩스** 02-703-2219
**다산어린이 카페** cafe.naver.com/dasankids **다산어린이 블로그** blog.naver.com/stdasan
**종이** 스마일몬스터 **인쇄** 한영문화사 **제본** 대원바인더리 **후가공** 평창피앤지

ISBN 979-11-306-3940-6
　　　979-11-306-2341-2 77190(세트)

+ 책값은 표지 뒤쪽에 있습니다.
+ 파본은 본사와 구입하신 서점에서 교환해 드립니다.
+ 이 책은 저작권법에 의하여 보호를 받는 저작물이므로 무단 전재와 복제를 금합니다.

**품명:** 도서 | **제조자명:** 다산북스
**제조국명:** 대한민국 | **전화번호:** 02)704-1724
**주소:** 경기도 파주시 회동길 490
**제조년월:** 판권 별도 표기 | **사용연령:** 8세 이상

※ KC마크는 이 제품이 공통안전기준에 적합하였음을 의미합니다.

글 조수연(호시담심리상담센터)·전단교 | 그림 소윤

## 머리말

## MBTI로 나와 친구의 성격을 이해하고
## 더 멋진 우리가 될 수 있기를

사람에게는 누구에게나 성격이 있어요. 그리고 각자의 성격은 다른 매력을 가지고 있답니다. 그래서 같은 상황에 있더라도 저마다 경험한 것과 성격이 다르기 때문에 서로 다른 생각과 행동을 하게 되지요. 성격의 차이는 자연스럽게 나와 친구, 가족 등 서로에게 영향을 주게 됩니다. 서로에게 새로움을 느끼게 하고 즐거운 시간을 선물하지요. 하지만 때로는 성격이 서로 다르기 때문에 아무리 아끼고 사랑하는 친구나 가족이라도 불편하고 힘든 시간을 보내는 경우가 있어요. 이럴 때 우리의 성격과 모습이 어떻게, 어떤 것이 비슷하고 다른지 이해한다면 모두가 조금 더 행복한 시간을 보낼 수 있지 않을까요? 그런 의미에서 여러분이 쉽고 흥미롭게 나와 친구의 성격을 이해할 수 있도록 이 책에 MBTI 성격 유형에 대한 이야기를 담았습니다.

현재 많은 사람들이 MBTI에 대해 관심을 갖고 이야기하고 있어요. 하지만 MBTI를 단순히 재미나 심심풀이의 수준으로 이해하는 경우가 많은데요. MBTI는 아주 오래전부터 세계적으로 활용되고 있는 전문적인 심리 검사이기 때문에 MBTI를 다루는 전문 기관과 저와 같은 전문가 선생님이 있답니다. 여러분이 이 책을 통해 MBTI를 조금 더 올바르게 접근하고 이해할 수 있기를 바랍니다.

이 책은 크게 '만화'와 '성격 이야기', '호시담 상담실'로 구성되어 있어요. '만화'는 전판교 작가님이 성격 유형별 친구들의 성격 차이로 일어나는 일상 이야기를 썼고, '성격 이야기'는 제가 MBTI에 대한 궁금증과 성격 유형별 특징을 전문적인 정보로 풀어냈어요. 또 '호시담 상담실'에는 성격 유형에 따라 생각할 수 있는 고민과 그에 대한 상담 답변을 정성껏 기록했답니다.

이 책을 읽고 여러분이 나와 친구의 성격을 이해하고 서로의 모습을 재발견하며 더 멋진 우리가 될 수 있기를 응원합니다. 그리고 MBTI가 누군가를 '이런 사람'이라고 고정된 틀 속에 넣어 단정 짓는 것이 아니라, 그동안 다 알지 못한 우리의 순간을 조금 더 이해할 수 있도록 돕는 실마리가 되는 것임을 이해하면 좋겠습니다.

호시담심리상담센터
조수연

## 차례

**프롤로그**

다른 외모, 다른 성격, ········· 10
다른 고민을 가진 우리들

MBTI 성격 유형으로 ········· 16
나와 친구의 성격을 알아봐요.

**1장**

성격 유형 검사 MBTI ········· 18

성격 유형, 그것이 궁금해! ········· 26

**2장**

첫 번째 자리 이니셜 I & E ········· 28

호시담 상담실 ········· 37
I : 저는 왜 혼자가 편할까요?
E : 저도 차분한 성격이었으면 좋겠어요.

**3장**

두 번째 자리 이니셜 S & N ········· 38

호시담 상담실 ········· 45
S : 구체적인 내용이 없으면 생각하기 어려워요.
N : 정해진 대로 하기 싫어요.

### 4장 세 번째 자리 이니셜 T & F ················ 46

**호시담 상담실** ················ 55
T : 친구들이 제 말을 오해하는 것 같아요.
F : 제가 너무 손해를 보는 걸까요?

### 5장 네 번째 자리 이니셜 J & P ················ 56

**호시담 상담실** ················ 65
J : 계획을 지키지 않으면 불안해요.
P : 끔꼼하지 않다는 이야기를 듣고는 해요.

### 6장 ISTJ / ESTP ················ 66

**호시담 상담실** ················ 77
ISTJ : 친구에게 말 거는 게 부끄러워요.
ESTP : 덤벙거려서 자꾸 실수해요.

### 7장 ISTP / ESTJ ················ 78

**호시담 상담실** ················ 89
ISTP : 좋아하는 것 말고는 대충 해요.
ESTJ : 잘 못하는 걸 누가 보는 게 창피해요.

7

## 차례

### 8장 ISFJ / ESFP ········· 90
호시담 상담실 ········· 101
ISFJ : 잘하고 싶은데 친구들 앞에 서면 긴장해요.
ESFP : 제가 괜히 나서서 문제가 생긴 걸까요?

### 9장 ISFP / ESFJ ········· 102
호시담 상담실 ········· 113
ISFP : 부탁을 거절하는 게 어려워요.
ESFJ : 의욕이 앞서서 실수하는 것 같아요.

### 10장 INFJ / ENFP ········· 114
호시담 상담실 ········· 123
INFJ : 거절 당하면 위축되고 힘들어요.
ENFP : 친구가 다른 친구를 사귀는 게 질투 나요.

### 11장 INFP / ENFJ ········· 124
호시담 상담실 ········· 135
INFP : 이것저것 하느라 마무리를 못하겠어요.
ENFJ : 남과 저를 자꾸 비교하게 돼요.

## INTJ / ENTP ········· 136

**호시담 상담실** ········· 145

INTJ : 제가 사소한 것에 집착한대요.
ENTP : 고집이 센 게 나쁜 건가요?

## INTP / ENTJ ········· 146

**호시담 상담실** ········· 159

INTP : 감정을 표현하면 사람들이 당황해요.
ENTJ : 뭐든지 이기고 지는 걸로 생각하게 돼요.

## 열여섯 빛깔 우리들 ········· 160

유형별 공부법 ········· 166
모아 보기 ········· 172
정식 MBTI 검사 안내 ········· 188

🍀 프롤로그 🍀

다른 외모, 다른 성격, 다른 고민을 가진 우리들

제 이름은 경수예요.

저는 지금 한 가지 고민에 빠져 있어요.

어떻게 해야 친구를 잘 사귈 수 있을까?
이 부분은 다르게 접는 게 더 효율적인 것 같은데.
다음에는 반장을 해 볼까!
난 왜 친구들 부탁을 거절하는 게 어렵지?
과학은 너무 신기해. 외계인은 진짜 있을까?
내가 친구들한테 너무 무관심한가.
톡
톡
ROBO
내 농담이 기분 나쁘게 들리진 않겠지?
내가 고집이 좀 센가?

다 귀찮아. 하고 싶은 것만 하고 싶다.

진정한 친구란 뭘까.

불공평한 건 참을 수 없어!

다른 친구를 사귀는 건 배신이야.

오늘 점심 급식 맛있는 거 나왔으면~

장우가 했던 말이 계속 신경 쓰여.

뭐든지 잘하고 싶은데 실수할까 봐 두려워.

교탁이 깔끔하면 선생님이 좋아하시겠지?

# MBTI 성격 유형으로 나와 친구를 알아봐요.

**누군가의 성격에 대해 생각해 본 적 있나요?**

성격이란 어떤 상황에서 무슨 행동을 하는지에 대한 특성을 정리한 심리학적 개념이에요. 예를 들면, 친구들이 즐겁게 모여 있는 모습을 보고, 어떤 친구는 '나도 가 봐야겠다'라고 생각하고, 또 어떤 친구는 '뭐 하는지 궁금하지만, 나는 지금 책 읽는 게 더 좋아'라고 생각하며 독서를 계속하는 경우도 있을 거예요. 또 친구들이 모여 있는지도 모르고 교실에 날아온 잠자리를 관찰하는 친구도 있고, 자리에서 일어나 밖에 나가자고 말하는 친구도 있죠.

이렇게 성격은 똑같은 상황에서 각자 더 편하고 익숙한 선택과 습관이 반복되면서 그 사람의 특성으로 설명되는 것을 말합니다. 우리는 각자 다양한 성격을 갖고 있어요.

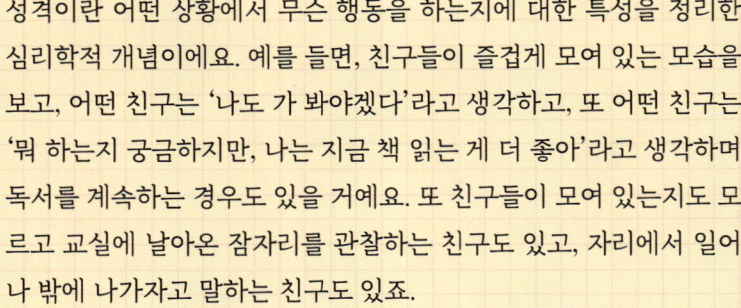

**MBTI 성격 유형이란?**

MBTI는 카를 융이라는 유명한 심리학자의 성격 이론을 바탕으로 이사벨 마이어스와 캐서린 브릭스라는 모녀 심리학자가 개발한 성격 유형 검사인데요. 융은 사람이 태어나면서부터 타고난 성격이 있고, 그 성격을 통해 똑같은 상황에서도 서로 좋아하는 것이 다르다고 성격에 대해 설명해요.

MBTI 성격 유형은 각 유형마다 타고난 강점을 활용하고 단점을 보완하면서 성장할 수 있는 방향을 제시해 준답니다. 나의 성격과 친구의 성격을 함께 이해하면서 서로의 매력 포인트를 기억하면 더욱 좋을 것 같아요.

## MBTI의 선호 지표

MBTI 성격 유형은 아래 그림과 같이 네 가지 기준으로 구분해요. 이 기준을 '선호 지표'라고 불러요. 성격 유형 검사를 통해서 어느 쪽 성향이 더 나타나느냐에 따라서 E혹은 I와 같은 선호 지표의 이니셜이 결정되고, 총 네 개의 이니셜이 모여서 성격 유형을 이룬답니다.

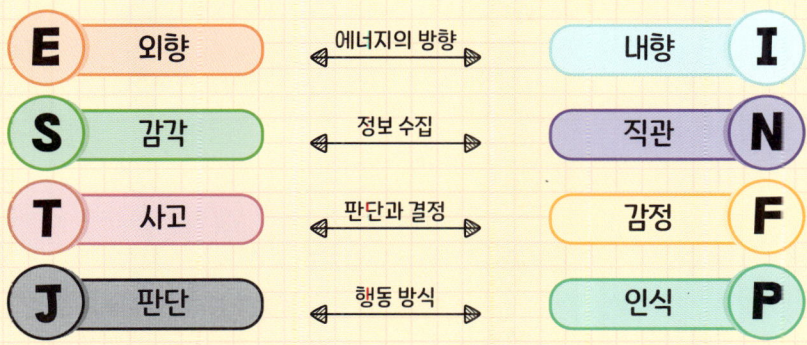

## 열여섯 가지 MBTI 성격 유형

네 개의 이니셜 중 첫 번째 자리는 에너지의 방향을 뜻해요. 나의 에너지 방향이 외향형이면 E, 내향형이면 I로 표현 돼요. 이런 방식으로 첫 번째부터 네 번째 자리까지 이니셜을 순서대로 나열하면 총 열여섯 가지 서로 다른 성격 유형이 나타납니다.

| ISTJ | ISTP | ISFJ | ISFP |
|------|------|------|------|
| INTJ | INTP | INFJ | INFP |
| ESTJ | ESTP | ESFJ | ESFP |
| ENTJ | ENTP | ENFJ | ENFP |

정화 — ISTJ
차분하고 성실한 태도가 빛나고 믿음직스러워요.

하람 — ISTP
혼자 놀기의 달인으로 조용히 세상을 관찰해요.

장우 — INTJ
사색을 즐기며 매사를 진지하게 탐구해요.

현욱 — INTP
좋아하는 것이 분명하고 차분하며 호기심이 많아요.

## ISFJ
꼼꼼하고 깔끔한 완벽즈의자이면서
배려심이 많아요.

## ISFP
조용하면서도 예술적 끼가 많아
주변에 좋은 영향을 줘요.

## INFJ
상상력이 풍부하고 섬세하며
사람들에게 다정해요.

## INFP
속이 깊고 따뜻한 몽상가이며
예술적 감각이 돋보여요.

민수
## ESTJ
추진력이 강하고 씩씩하며
책임감도 있어 든든해요.

지현
## ESTP
재치 있고 시원시원하며
행동력이 뛰어나요.

여진
## ENTJ
당당하고 정의로우며
문제를 잘 해결해요.

준혁
## ENTP
독창적인 카리스마가 넘치며
자신의 생각이 뚜렷해요.

## ESFJ
생기 넘치고 사람들과 잘 어울리는 분위기 메이커예요.

## ESFP
쾌활하고 웃음이 많아 사람들을 즐겁게 해요.

## ENFJ
열정이 넘치고 말솜씨가 좋으며 사람에게 관심이 많아요.

## ENFP
순수하고 천진난만하며 생각이 기발해요.

# 성격 유형, 그것이 궁금해!

**성격 유형이 같으면 성격도 똑같은 걸까요?**

친구와 내가 키와 몸무게, 혈액형이 같아도 똑같은 사람이라고 생각하지 않는 것처럼, MBTI 성격 유형이 친구와 같다고 해서 그 결과가 반드시 똑같은 성격을 의미하는 건 아니에요. MBTI 검사는 스스로 심리 검사에 응답을 한 후 결과가 나오는 자가 검사이기 때문에, 나의 성격에 대해 잘 모르는 상태에서 검사를 했을 경우 사실과 다른 성격 유형이 나올 수 있어요.

또한 정직하고 정확하게 검사에 응답했어도 MBTI 성격을 결정하는 네 가지 선호 지표에 대한 점수는 각자 달라요. 그래서 같은 성격 유형이어도 서로 경향이 조금씩 달라요. 성격을 유형만 보고 상대방을 단정 짓기보다 '우리는 같은 성격 유형인데 이런 것은 잘 통하고 저런 것은 그래도 다르구나' 하고 생각하면 좋겠어요.

**나의 MBTI 성격 유형이 바뀌기도 하나요?**

MBTI 성격 유형은 타고난 성격을 알아보는 검사이기 때문에 결과가 달라지지 않는 게 맞아요. 그런데 초등학교, 중학교, 고등학교, 대학교 때마다 MBTI 검사를 다시 하게 될 경우 성격 유형이 달라지는 사람들이 있어요.

MBTI 이론을 기준으로 설명한다면, 타고난 성격이 학교생활과 일상생활을 하면서 성격에 영향을 줄 수 있다고 보여요. 태어날 때부터 더 익숙하고 편한 내 모습이 있지만, 시간이 지나면서 다양한 경험을 하며 나에게 더 좋고 익숙한 방식으로 성격이 변화하기도 하는 것이죠.

# 선생님, 고민 있어요!

 서로의 성격을 존중하는 법을 알려 주세요.

답변  사람의 성격은 다양한 모습을 하고 있어요. 또 어떤 상황에서 누구와 있느냐에 따라 성격의 어떤 일부분이 더 뚜렷하게 나타나기도 해요. 우리가 학교에서 친한 친구와 즐거운 대화를 할 때와 처음 보는 어른과 대화를 할 때 스스로의 모습이 달라지는 것과 같죠. 그래서 친구의 한 부분을 보고 '나와 성격이 맞아' 또는 '안 맞아'라고 섣불리 판단하는 것은 조심할 필요가 있어요.

서로 다른 성격이 꼭 나쁜 것이 아니라 서로를 보완해 주는 매력이 될 수도 있으니까요. 단, 서로의 성격을 존중해 줄 수 있다면요. 서로의 성격은 어떻게 존중하면 좋을까요?

첫째, 나와 친구의 다른 점보다 서로 잘 통하는 공통점을 먼저 찾아본다.
둘째, 친구와 성격이 달라서 불편한 것과 도움이 되는 것 두 가지를 생각해 본다.
셋째, 서로의 다른 성격을 '문제'나 '고칠 점'으로 생각하기보다는, 성격 차이로 느끼는 어려움이나 원하는 것을 함께 솔직하게 이야기해 본다.

# 2장 첫 번째 이니셜

**I** INFJ · 선미

**E** ESTP · 지현

우리 반 지현이는 밝고 쾌활해서 친구들에게 인기가 많아요.

어젯밤 축구 봤어? 흥민 오빠 진짜 멋지지 않냐?

저도 친구들과 잘 어울려 놀지만 지현이처럼 활동적이지는 않아요.

음하핫! 이 누님을 뭘로 보고!

으아~ 이거 놔~

그래서 가끔은 시끌벅적하게 노는 친구들이 부럽기도 해요. 하지만 저는 혼자 있는 시간도 참 소중하다고 생각해요.

다른 하나는 혼자 있는 시간을
방해 받고 싶지 않은 마음이에요.

어떡하지….

친구들과 잘 어울리는 것도 좋지만…

저는 왜 혼자가 더 편할까요?

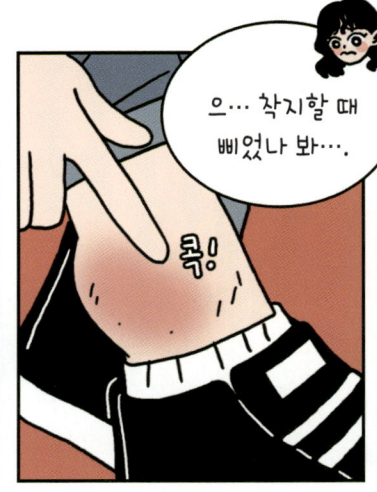

# 첫 번째 이니셜 I & E

**내 마음의 에너지 방향**

성격 유형의 첫 번째 자리 이니셜은 내 마음의 공이 통통 튀어 가는 방향, 즉 내가 주의를 기울이는 방향을 의미해요. 나의 내부에 주의를 집중하는 것이 내향형 I, 나의 외부 환경에 주의를 집중하는 것은 외향형 E입니다.

**내향형 I의 특징**

나의 내면에 주의를 집중하는 것은 단골집에서 조용히 한 가지 음식을 먹는 것에 비유할 수 있어요. 단골집에서는 메뉴를 보고 이것을 시킬지 말지, 인터넷 검색도 해 보며 천천히 정할 수 있죠. 결국 자신만의 공간에서 조용하고 신중하게 활동을 하는 것입니다.

그것은 말이나 행동으로, 겉으로 드러나지는 않지만 내면에서는 활발한 활동이 일어나고 있어요. 충분히 생각한 후에 행동하니 말보다는 글 쓰는 것을 편안하게 느끼지요. 자기만의 시간에 집중할 때가 많다 보니 많은 사람과 어울리기보다는 소수의 사람과 어울릴 때 편안함을 느끼고 혼자 사색에 잠기며 에너지를 충전해요.

**외향형 E의 특징**

반대로 나의 외부 환경에 주의를 집중한다는 것은 뷔페에 가서 음식을 먹는 것에 비유할 수 있어요. 뷔페는 사람들로 북적이고 여러 가지 음식을 내가 직접 골라 담아 와야 하지요. 깊게 고민하기보다 끌리는 대로 우선 담아 와서 먹어요.

나의 외부 환경에 주의를 집중하게 되면 자연스럽게 활동량이 많아지고 친구 관계는 넓어져요. 생각하기 전에 손발이 먼저 앞서 나갑니다. 그러니 표현 방식도 글보다 말이 더 편안하겠지요. 에너지를 소모하는 것 같지만 외향형은 오히려 이렇게 밖으로 에너지를 발산하면서 자신의 에너지를 충전해요.

# 선생님, 고민 있어요!

### 내향형 · I  저는 왜 혼자가 편할까요?

**답변** 내향형 친구들 중에는 혼자가 더 편한 사람들이 많아요. 그런데 이 마음은 친구를 싫어하거나 고독함을 좋아하는 것과는 달라요. 내향형은 어떤 일을 할 때 우선 신중하게 다양한 경우를 떠올리며 천천히 자신의 생각을 정리하는 시간과 공간을 필요로 할 대가 있어요.

혼자 있고 싶다는 생각이 든다면 에너지를 충전하고 무엇인가를 정리할 시간이 필요한 상태인 거예요. 그렇다고 해서 완전히 혼자이고 싶다는 의미는 아니에요. 내향형의 친구들에게는 조금 시간이 필요한 것뿐이지요. 혼자 생각하는 동안 친구와 어울리기 위한 마음을 준비하는 거예요.

### 외향형 · E  저도 차분한 성격이었으면 좋겠어요.

**답변** 세상에는 흥미로운 것들이 참 많아요. 토끼를 닮은 구름도 있고, 친구들의 웃음소리도 들리죠. 이렇게 흥미로운 것들을 두고 어떻게 가만히 앉아 있을 수 있겠어요? 외향형은 적극적이고 표현을 잘하고 활동적인 특성이 있어요. 그래서 반대 성격 유형이 볼 경우 조금 '빠르다', '열정적이다', '소란하다'라는 느낌을 받을 수 있지요.

외향형도 조용할 수 있고 필요한 순간에는 누구보다 오래 참을 수 있어요. 단지 에너지가 밖으로 드러나서 정신없거나 산만하다고 오해를 받는 것이죠. 따라서 내 마음의 에너지를 조절할 수 있다면 더 차분해질 수 있어요. 행동하기 전 한 번 더 생각해 본다거나, 말로 표현하기보다는 글로 적어 보는 거예요.

보물을 찾으려면 지도를 봐야 하는데, 장우는 지도를 제대로 보지 않는 것 같아서 답답했죠.

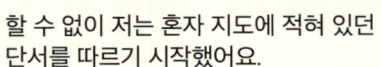

# 두 번째 이니셜 S & N

| 정보를 받아들이는 방식의 차이 | 성격 유형의 두 번째 자리 이니셜은 대상에 대한 정보를 이해하고 수집하는 방식을 의미해요. 현실에서 눈에 보이는 사실적이고 구체적인 정보를 수집하는 것은 감각형 S, 미래의 가능성에 초점을 맞춰 새로운 큰 그림에 해당하는 정보를 수집하는 것이 직관형 N입니다. |

**감각형 S의 특징**

감각형이 정보를 수집하는 방식은 빽빽한 숲에서 나무를 보는 것에 비유할 수 있어요. 나무 하나하나를 세심하게 관찰하듯이 지금 경험하는 것에 주의를 기울여 구체적인 정보를 수집해요.

예를 들어 빨간 사과 사진을 보고 바로 떠오르는 것을 말해 보라고 하면 '빨갛다', '새콤달콤', '아삭아삭' 같은 느낌 위주로 이야기를 해요. 감각과 연결된 사실적인 정보를 주로 말하지요. 이러한 정보는 보통 경험과 상식을 따르는 게 많아요. 감각형은 꼼꼼하고 철저하게 정보를 수집하고, 단계에 따라 하나씩 처리하지요.

**직관형 N의 특징**

직관형이 정보를 수집하는 방식은 나무 하나하나를 꼼꼼하게 살피지는 않지만 숲 전체를 보는 것에 비유할 수 있어요. 직관형은 미래나 보이지 않는 가능성이나 새로운 상상에 관심을 기울입니다. 기존에 해오던 방식을 지키기보다는 자신만의 생각을 새롭게 만들어 내는 것을 좋아해요.

예를 들어 빨간 사과 사진을 보고 '백설공주', '원숭이 엉덩이', '할아버지가 보내 주신 사과 한 박스' 같은 이야기를 하지요. 사과가 자신에게 갖는 의미, 사과를 보고 떠오르는 다른 사물이나 소재로 관심을 기울이는 것이죠.

# 선생님, 고민 있어요!

## 감각형 · S   구체적인 내용이 없으면 생각하기 어려워요.

**답변** 감각형 친구들은 세상의 자료를 수집할 때 자신의 오감과 경험을 활용해서 기억하기 때문에 매우 구체적인 자료를 가지고 있고 설명할 때도 활용해요. 그렇기에 어떤 설명을 들을 때 구체적인 내용이 없으면 생각하거나 상상하기 어려워하는 경향이 있어요.

누군가의 설명이 너가 이해할 수 있을 만큼 구체적이지 않다면, 내가 원하는 설명의 방식으로 예시를 들거나 내가 이해할 수 있는 방식으로 질문해 보는 것도 필요해요. 마치 스무고개를 하듯이 말이죠. 그리고 때로는 무엇인가 명확하지 않아도 스스로에게 '그래도 한번 해 봐, 내가 경험해서 구체적으로 확인해 보지, 뭐.'라고 자신을 응원해 줘도 좋을 것 같아요.

## 직관형 · N  정해진 대로 하기 싫어요.

**답변** 직관형 친구들은 세상의 자료를 수집할 때 보이지 않는 가능성이나 상상, 느낌 등을 활용해서 자료를 수집하고 설명할 때도 활용해요. 그래서 무엇을 할 때 누군가가 정해 준 방법을 따라 해야 하는 것을 지루해 하고 자기만의 방식을 만들거나 변화를 주는 생각과 시도를 하는 경향이 있어요.

남들과 다른 방식으로 시도하고 새로운 방법을 만드는 것은 분명 멋진 일일 때가 있어요. 그렇지만 정해진 것을 그대로 한다는 것이 꼭 지루하거나 좋은 방법이 아니라고 생각하지는 말아야 해요. 이미 짜인 일들은 여러 번의 경험 속에서 실수를 줄이고, 효과적인 방향을 찾은 가장 빠른 지름길일 때가 있으니까요. 짜인 것의 안전함과 익숙함도 함께 활용한다면 더욱 다양한 시도를 할 수 있는 내가 될 거예요.

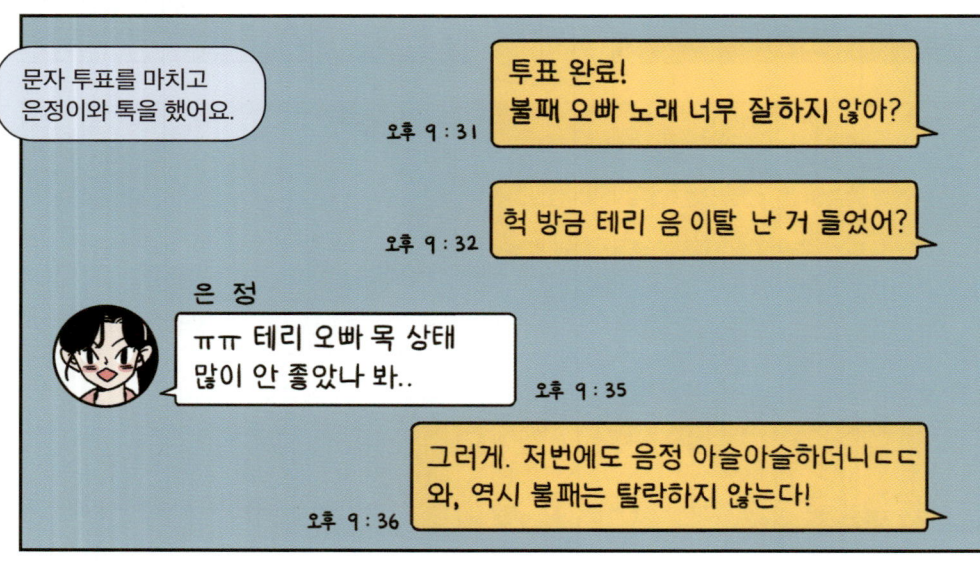

은정이의 말에 대답하고 있는데 제가 뭔가 실수하고 있다는 느낌이 들었어요.

# 세 번째 이니셜 T & F

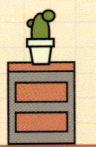

**판단을 내리는 기준**

성격 유형의 세 번째 자리 이니셜은 결정하거나 판단을 내리는 기준에 따라 구분돼요. 객관적인 사실에 따라 결정하는 것은 사고형 T, 사람들과의 관계나 조화로움을 위한 결정을 하는 것이 감정형 F입니다.

**사고형 T의 특징**

사고형의 관심 주제는 뜨거운 가슴보다는 차가운 머리, 즉 객관적인 진실입니다. 옳고 그름, 원인에 따른 결과 등이 원리와 원칙대로 공정하게 진행되는지가 사고형의 시선이랍니다. 중요한 것의 판단 기준이에요. 내가 뭔가를 선택하거나 결정할 때 객관적인 논리와 근거가 중요하죠. 말로 설명할 때도 사실 위주의 설명을 선호합니다.

따라서 친구의 의견이나 어떤 사물을 관찰할 때도 그것에 대한 사실이나 오류를 콕 집어냅니다. 어려운 문제나 갈등이 있는 상황에서는 차분하게 관찰자로서 이 문제의 원인이 무엇이며 어떻게 해결해야 하는지를 잘 제시하지요.

**감정형 F의 특징**

감정형의 관심 주제는 차가운 머리보다는 뜨거운 가슴, 즉 따뜻한 관계와 조화입니다. 객관적인 옳고 그름보다는 나의 마음에서 좋냐, 나쁘냐가 중요한 기준이 됩니다. 내가 뭔가를 선택하거나 결정할 때 지금 일어난 상황에 집중하죠. 말할 때에도 친구의 기분을 배려해 칭찬이나 감사 등 따뜻하고 친밀한 마음을 아낌없이 표현해요.

따라서 친구의 의견이나 어떤 사물을 관찰할 때도 머리로 분석하기보다는 가슴으로 느끼고, 그것이 나에게 주는 의미를 떠올립니다. 평가보다는 공감을 잘하며, 이러한 공감을 바탕으로 문제나 갈등 상황에서는 감정을 쉽게 이입하여 마치 그 문제의 당사자처럼 반응합니다.

# 선생님, 고민 있어요!

**사고형·T**  친구들이 제 말을 오해하는 것 같아요.

 사고형 친구들은 대화할 때 자세한 설명을 하기보다는 간단하게 사실적인 이야기를 주로 하고는 하죠. 누구보다 친구 편이며 친구에게 진심이지만 상황에 대해서 논리적으로 설명하거나 문제 해결을 하려는 말을 하면, 친구들은 도와주려는 마음을 느끼기보다 '내 잘못이라는 건가?' 하는 묘한 느낌을 받을 수도 있어요.

따라서 친구들과 대화할 때 친구의 마음을 측정하는 표현을 먼저 해 보세요. 그러고 나서 하고 싶었던 말을 하면 나의 논리적이고 효과적인 생각이 더욱 빛을 발휘하게 될 거예요. 가끔 정답을 알려주는 것보다 '잘할 수 있어!' 같은 응원이 더 큰 힘이 될 수 있다는 것을 꼭 기억해 주세요.

**감정형·F**  제가 너무 손해를 보는 걸까요?

 감정형 친구들은 대화를 할 때 원칙과 논리를 따지기보다는 상대방이 힘들어 하는지 때로는 좋아하는지를 더 중요하게 생각하고는 해요. 그래서 나에게 손해인 경우에도 친구를 위해서 내가 원하는 것을 양보하기도 하고, 거절하고 싶은 부탁도 들어주는 경우가 종종 있을 거예요.

누군가의 마음을 생각하고 힘들지 않게 해 주고 싶은 마음은 참 소중한 것이에요. 그렇지만 때로는 나의 마음도 잘 보살펴 줄 필요도 있어요. 늘 모두에게 좋고 행복한 방향으로만 생각하고 결정하면, 나에게 중요한 것들이 영향을 받을 수도 있어요. 결정을 내릴 때 어떤 것이 나에게 더 필요한지도 생각하면 좋을 것 같아요.

# 네 번째 이니셜 J & P

**행동하는 방식**

성격 유형의 네 번째 자리 이니셜은 일상생활에서 나타나는 나의 행동 방식에 따라 구분됩니다. 뚜렷한 목적 아래서 빠르게 결정하며 행동하는 것은 판단형 J, 느긋하게 과정을 즐기며 경험하는 것은 인식형 P입니다.

**판단형 J의 특징**

판단형은 일주일 정도 여행을 간다면 목적지를 미리 정하고 여행 계획을 꼼꼼하게 세워 출발하는 편입니다. 판단형은 나의 생활 방식에 대해 계획과 순서를 정하는 것을 좋아합니다. '정리 정돈과 계획파'이죠. 공부나 숙제와 같은 일을 할 때 정확한 마감일을 세우고 계획적으로 하는 편입니다.

예를 들면 오늘은 순서대로 A를 마무리하고, 이번 주는 B를 마무리하고, 다음 주부터 C를 시작해요. 뚜렷한 목표와 방향성을 갖고 행동하는 편이며 자신의 상황을 관리하고 주도하는 것을 편안해 한다고 볼 수 있습니다.

**인식형 P의 특징**

인식형이 여행을 간다면 목적지를 미리 정하기보다는 그날의 기분에 따라 내키는 대로 발걸음을 옮기는 것을 좋아합니다. 다음 목적지를 생각해 두고 있지 않더라도 그다지 초조해하지 않아요. 현재의 풍경, 음식, 분위기가 마음에 든다면 굳이 다음 목적지에 가지 않기도 해요. '목적 없는 탐험'을 즐기는 유형이죠.

인식형에게 계획이란 그때그때 상황에 따라 얼마든지 바뀔 수 있는 것입니다. 오늘 한 일의 백 퍼센트를 다 마치지 못하고 오십 퍼센트에서 그치더라도 그 과정 자체를 충분히 즐거워합니다. A, B, C 순서대로 하지 않고 B나 C부터 기분에 따라 시작해요.

# 선생님, 고민 있어요!

**판단형 · J**  계획을 지키지 않으면 불안해요.

**답변** 계획을 세우면 내가 무엇을 언제, 얼마만큼 할 수 있는지 예상할 수 있어서 안정감 있게 책임을 다할 수 있다고 느끼죠. 그래서 계획한 일을 지키지 않으면 불안해하는 경우가 있어요. 계획은 시작과 방향을 정하는 데 도움이 되지만 완벽하지 않을 때가 많아요. 학교에 걸어가려고 했지만 늦잠을 자서 지하철을 탔는데, 우연히 전학 간 친구를 만나서 반갑게 인사할 수도 있어요. 계획이 지켜지지 않았지만 실패한 것이 아닌 좋은 기회를 얻게 된 것일 수도 있죠.

계획을 지키는 성실함과 책임감도 중요하지만, 계획을 지키지 못했다고 해서 나에게 실망하거나 불안해 하지는 않았으면 좋겠어요. 계획이 너무 빡빡해서 조금 수정되어야 하는 것은 아닌지, 계획을 못 지켜서 잘못된 결과만 있었는지 천천히 확인해 보면 어떨까요?

**인식형 · P**  꼼꼼하지 않다는 이야기를 듣고는 해요.

**답변** 인식형 친구들의 경우에는 과정을 경험하는 것에 흥미를 느끼고는 해요. 그러다 보니 무엇을 어떻게, 왜 해야 하는지 계획을 구체적이고 꼼꼼하게 챙기며 행동하기보다는 무엇을 시작하는 것, 경험하는 것 자체를 만족하고는 하죠. 그래서 때로는 '꼼꼼하게 해라'라는 요청을 들을 때가 있을 거예요. 정말 내가 꼼꼼하지 않은 걸까요? 그럴 때는 내가 서둘러서 여러 일을 동시에 한 것은 아닌지 생각해 보면 좋겠어요. 계획하지 않은 일을 동시에 했거나 일을 하던 중간에 그만두기도 해서 매듭을 잘 짓지 못했을 수 있어요. 따라서 어떤 일을 하거나 꼭 잊으면 안 되는 것은 휴대폰에 기록하면 좋을 것 같아요. 그러면 누구보다 여유롭고 마음 넓은 성격이 더욱 특별하게 빛날 거예요.

# ISTJ / ESTP

**ISTJ의 특징**

ISTJ는 차분하고 성실해서 사람들에게 차분하고 한결같다는 이야기를 많이 듣는 유형이에요. ISTJ 유형은 집에서도 학교에서도 타고난 모범생다운 모습을 보이는데요. 이는 특유의 강한 책임감과 성실함 덕분이에요. 정확한 시간과 계획에 따라 자신의 역할을 책임감 있게 다하는 것을 중요하게 생각하지요.

계획된 일정과 예상 가능한 일들을 편안해 하고, 뭐든 최선을 다하는 모습을 유지하려는 태도가 매력이 있어요. 또 여러 가지 결정과 선택을 할 때 객관적인 태도를 취하고 자기 논리가 뚜렷한 경향이 있어요. 친구들과 천천히 친해지지만 한번 친구가 되면 오래도록 관계를 유지하는 변함없는 우정을 보이기도 해요.

**ESTP의 특징**

ESTP는 시원시원하고 적극적이며 명쾌하다는 이야기를 많이 듣는 유형이에요. 상황에 대해서 오랫동안 고민하기보다는 '고민을 오래 해 봤자 도움이 안 돼'라고 결론을 내리고 상황을 단순하게 바라보는 데 능숙해요. 자기주장도 강하기 때문에 자신이 내린 결론을 바로 행동으로 옮기기도 하죠. 그래서 대장부라는 얘기를 듣고는 해요.

선입견이 적고 자유분방하며, 새로운 것에 열린 태도로 다가가요. 처음 본 사람에게도 금방 마음을 열고 다가가는 등 친화력도 뛰어난 편이에요. 재치가 뛰어나고 유머 감각이 있으며, 순발력과 융통성이 있어서 곤란한 상황에서도 재치를 발휘해서 잘 극복하는 모습을 보여요.

# 선생님, 고민 있어요!

### ISTJ · 정화  친구에게 말 거는 게 부끄러워요.

**답변** 친구에게 먼저 말을 걸려고 하면 아무리 각오해도 부끄럽거나 걱정되기도 하지요? 이럴 때는 두 가지를 생각해 보면 좋을 것 같아요. 첫 번째, 친구를 관찰해 보기. 친구의 관심 있는 분야, 유머 코드를 관찰하고 친구에게 그것과 관련된 질문을 해보는 거죠. "너는 어떤 강아지를 좋아해?"처럼 친구가 좋아하는 것에 대해 질문하는 것이 쉬운 대화 방법이 될 수 있어요.

두 번째, 나와 비슷한 것 같은 친구를 찾아보기. 책을 읽거나, 조용히 음악을 듣는 친구가 있다면, 나와 비슷한 취향인지 한번 알아 보세요. "혹시 이 책 읽어봤어? 재미있는데 빌려줄까?"처럼 내가 좋아하는 것을 같이 공유해 보는 거죠. 시작은 누구나 떨리고 부끄러울 수 있어요. 그렇지만 어떤 친구는 나의 인사를 정말로 기다리고 있을지 몰라요.

### ESTP · 지현  덤벙거려서 자꾸 실수해요.

**답변** 의도한 것은 아니지만, 실수가 잦으면 정말 속상하죠. 자주 사과를 하게 되고 때로는 혼나면 서럽기도 해요. 준비물을 잊거나, 친구 발을 밟거나, 물을 쏟는 등 조금 차분히 행동하면 개선 될 수 있는 실수를 반복하고 있다면 이런 노력을 해 보면 좋을 것 같아요.

첫 번째, 꼭 챙겨야 하는 것은 방문 또는 현관 앞에 두기. 그러면 챙겨야 하는 물건을 잊어버리는 경우가 줄어들게 될 거예요. 두 번째, 행동하기 전에 주변에 물체나 사람이 없는지 확인하기. 자전거를 탈 때 지나가는 사람이나 차가 없는지 확인하는 것처럼 같이죠. 그러면 실수를 조금이나마 줄일 수 있을 거예요. 그리고 내가 실수했다던 먼저 사과하는 멋진 용기를 내면 더욱 좋겠죠?

저는 하람이예요.
저희 동네에서는 매년
자전거 대회가 열려요.

대회라고는 하지만 가족, 친구끼리 자전거 산책하는 느낌의 행사예요.

그래서 대회를 열심히 준비했는데, 갑자기 자전거에 문제가 생겼어요.

괜찮나? 은근히 신경 쓰이네.

아~ 몰라. 간섭하는 거 귀찮아. 알아서 하겠지. 뭐.

우승하려고 준비를 얼마나 열심히 했는데….

하람이가 도와줘서 고마웠지만 제가 너무 부끄럽고 한심해서 도망치고 말았어요.

뭐야?

제가 잘 못하는 걸 누가 보는 게 왜 이렇게 창피할까요?

왜 그러고 있냐?

# ISTP / ESTJ

**ISTP의 특징**

ISTP는 조용하면서도 개성이 강한 혼자 놀기의 달인이에요. 꼭 옆에 누군가가 있지 않아도 혼자서 자신의 관심사에 파고들고 끈기 있게 매달리며 자신만의 세계를 만드는 것을 즐겨요. 그래서 자신의 관심 부분에 대해서는 거의 전문가 수준으로 관련된 정보를 줄줄 꿰고 있기도 해요.

그리고 때로는 혼자 있기를 더 좋아해요. 옆에서 누군가가 말을 걸면 자신만의 세계에서 즐거운 시간을 보내는 걸 방해받는 것으로 느끼기도 하거든요. 또한 좋아하는 것과 관심 없는 것이 매우 뚜렷한 특성을 보여요. 원인과 결과가 논리적인 것을 중요하게 생각하며 자신의 기준에서 말이 안 된다 싶은 것에 대해서는 조용한 성격과는 다르게 목소리를 크게 내기도 해요.

**ESTJ의 특징**

ESTJ는 씩씩하고 책임감 강한 리더 유형이에요. 특유의 책임감과 추진력, 리더십을 갖고 있어서 일단 어떤 역할을 맡게 되면 그것을 잘 해내는 모습을 보여요. 규칙을 매우 중요하게 여기고, 그 규칙에 따라 주변이 정리되는 걸 확인해야 마음이 편안해지기도 해요. 그래서 정해진 규칙과 절차에 따라 무엇이 진행되지 않으면 상당히 신경 쓰이기도 하지요.

자신이 맡은 바에 대한 책임을 다하기 때문에 주변 친구들은 ESTJ를 든든하고 믿음직스럽다고 생각해요. 또한 계획을 실행하는 추진력이 탁월해서 머릿속에서 계획을 짜고 이를 행동으로 옮기는 데 주저하지 않아요.

# 선생님, 고민 있어요!

**ISTP · 하람**  좋아하는 것 말고는 대충 해요.

**답변** 뭔가에 빠져들어 몰입하는 모습은 매우 매력적으로 보일 때가 있어요. 관심 있는 것에만 집중하느라 중요한 것은 대충 하는 경우가 아니라면 말이죠.

자동차를 좋아해서 관련된 자료를 열심히 찾아보는 친구가 있다고 생각해 볼까요? 그 친구는 도로 위 차를 보면서 아는 차를 떠올리기도 하고, 새로운 차를 발견해서 흥분하기도 해요. 그러나 가족이 거는 말에 대답하기 귀찮아 하거나, 자동차와 관련 없는 대화에는 짧게만 대답한다면 가족은 그 친구가 사랑하는 자동차 이야기를 함께할 마음이 점점 작아질 거예요.

따라서 내가 관심이 없는 것에도 관심을 갖는 작은 노력을 할 필요가 있어요. 이러한 노력을 통해 내가 좋아하는 것을 응원하고 함께 즐기는 친구들도 늘어날 거예요.

**ESTJ · 민수**  잘 못하는 걸 누가 보는 게 창피해요.

**답변** 성공과 성장을 위해서는 다양한 과정을 경험하는 것이 매우 중요해요. 시험에서 모르는 문제의 답을 우연히 맞추면 매우 기쁘겠죠. 그러나 기뻐하느라 그 문제의 답이 왜 그것인지 확인하지 않고 넘어가는 경우가 많아요. 하지만 문제를 처음부터 틀렸다면 내가 어떤 부분을 모르고 있는지 다시 그 부분을 찾아볼 수 있어요.

무엇을 잘 못하는 것은 부끄러운 일이나 뒤처지는 것이 아니라 더욱 나은 내가 되는 좋은 기회를 얻는 것이기도 해요. 잘 못한다는 생각 대신, 잘 못하는 것을 어떻게 발전시켜 나갈까 고민하는 것이 더 중요하다는 것을 기억하세요. 모든 것을 처음부터 잘하기는 어려워요. 때로는 어렵고 실수하는 과정이 내가 성장하는 소중한 순간이라는 것을 기억해 주면 좋겠어요.

장기 자랑으로 들뜬 친구도 있고

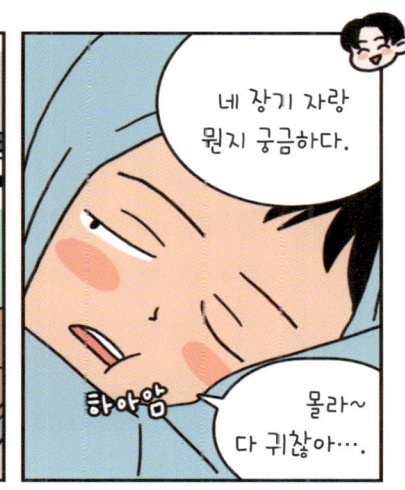

그렇지 않은 친구도 있어요.

# ISFJ / ESFP

**ISFJ의 특징**

ISFJ는 깔끔하고 주변 친구를 돕는 것을 좋아하며 착하다는 이야기를 자주 듣는 유형이에요. 또 아무리 지루하고 싫은 숙제여도 자신에게 주어진 것은 끝까지 포기하지 않고 꼼꼼하게 해내고는 해요. 시험 기간에도 벼락치기 대신 차근차근 계획을 세워가면서 공부하기를 좋아하고요. 부모님이나 선생님이 시키지 않아도 스스로 필요한 준비를 할 수 있기 때문에 '알아서 잘한다'라는 인정을 받는 경우가 많아요.

친구들을 친근하고 따뜻한 태도로 대하고, 주변 친구들과 사이좋게 지내는 것을 중요하게 생각해요. 가족이나 친구들을 잘 도와주고 이해하는 마음도 깊어서 양보도 자주 하는 편이에요. 너무 많은 친구보다는 소수의 친구들과 깊은 우정을 나누면서 지내는 것을 더 편안해 해요.

**ESFP의 특징**

ESFP는 어디서든 거리낌 없이 적응하는 쾌활한 핵인싸 유형이에요. 늘 명랑 쾌활하고 장난기 가득한 모습을 보여요. 사소한 장난을 자주 쳐서 주의를 받기도 하지만 그러다가도 다시 씩 웃으면서 다가오는 '유쾌함 부자'라고 할 수 있어요.

마냥 명랑하기만 할 것 같지만, 주변 친구들의 미묘한 감정을 섬세하게 느끼기도 해요. 그래서 분위기에 맞춰서 농담을 하거나 장난의 정도를 조절할 줄 알아서 친구들을 불쾌하게 하지 않는 웃음 활력소 같은 역할을 하고는 해요. 특유의 명랑함은 친구들에게 호감을 주고 누구와도 빠르게 친해질 수 있어요. 그리고 기본적으로 친절한 특성을 갖고 있어서 친구가 자신에게 도움을 요청하면 선뜻 도와주는 편이에요.

# 선생님, 고민 있어요!

**ISFJ · 수현**  잘하고 싶은데 친구들 앞에 서면 긴장해요.

> 답변) 무엇인가를 잘하고 싶은 마음은 참 자연스러운 것 같아요. 특별히 친구들에게 내가 잘 해내는 모습을 보여 주고 싶을 때면 더욱 긴장하기도 하죠. 친구들 앞에서 실수해 본 사람들은 알 거예요. 무엇인가를 항상 잘할 수 없다는 것을요. 그리고 잘하지 못했던 순간에 오히려 내 친구들은 나를 위로하거나 내가 완벽하지 않아서 더 편하고 매력적이라고 느꼈다는 것을요.
>
> 뭐든지 잘하는 것도 매력적이지만, 실력이 점점 발전하는 친구가 대단해 보였던 경험을 떠올리면 좋겠어요. 그리고 친구들은 나에 대해 점수를 매기는 평가자가 아니고 내 '친구'라는 것을 떠올리면 어떨까요? 그리고 친구들은 말할 거예요. 너는 어떤 모습이든 항상 내 친구라고요.

**ESFP · 민재**  제가 괜히 나서서 문제가 생긴 걸까요?

> 답변) 누군가 도움을 필요로 할 때 모른척하지 않고 먼저 손 내미는 모습은 참 소중하고 멋진 모습이지요. 더군다나 친구의 곤란한 마음을 섬세하게 느끼고 무거운 분위기를 바꿔 보려는 시도는 나쁘지 않아요. 다만, 모두가 나처럼 누군가에 대해 편견이 없고 실수를 해도 금방 웃을 수 있는 성격을 갖지 않았다는 걸 생각하면 좋겠어요.
>
> 사람에 따라 자신의 모습을 다른 사람에게 보이는 것이 부끄러울 수도 있다는 것을 기억해야 해요. 나서는 것이 문제가 아니라 지금 이 타이밍에 나와 성격이 다를 수 있는 그 친구는 나의 도움이, 나의 농담이 필요한 것이었을까? 생각해 볼 필요는 있는 것이죠. 모든 행동을 다 조심하고 생각해야 한다는 뜻은 아니에요. '지금이 좋은 타이밍일까?' 한 번쯤 생각해 보는 것도 좋은 방법이 될 거예요.

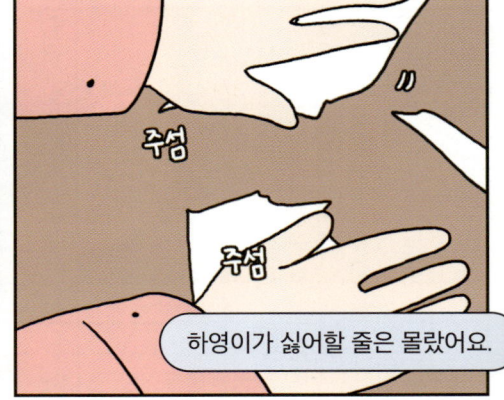

# ISFP / ESFJ

**ISFP의 특징**

ISFP는 조용하고 느긋하면서도 끼가 많은 숨은 인기인 유형이에요. 겉으로 보이는 첫인상은 수줍고 조용한 성격이지만 그 누구보다도 낭만적이고 예술적인 끼가 숨겨져 있지요. 차분하지만 즉흥적으로 매 순간 변화하는 분위기에 잘 적응하고, 친구들과 대화나 놀이를 할 때에도 누구보다 몰입하고 적극적인 참여를 보이는 다양한 매력을 가지고 있어요.

그리고 동물이나 식물을 키우고 교감하는 것을 좋아하는 것뿐 아니라 잘할 수 있어요. 또한 말 대신 다른 감각을 활용해서 소통하는 센스도 잘 발휘하는 편이에요. 손으로 쓰다듬고, 눈빛으로 애정을 전달하기도 하죠. 그리고 때로는 자신보다 친구들의 입장을 더 많이 헤아리려고 해요. 그러다 보니 자신이 불편하고 힘들어도 참을 때도 많아요.

**ESFJ의 특징**

ESFJ는 생기발랄한 분위기 메이커 유형이에요. 명랑하고 쾌활하며 잘 웃고 감정 표현도 풍부해요. 또한 다른 친구들의 기분을 빠르게 알아차리는 감각과 친구들의 즐거워하는 요소를 잘 파악할 수 있는 성격 특성이 있어요. 그래서 친구들이 즐거울 수 있도록 어떤 상황에서든 분위기를 즐겁게 가꿔 나가지요.

또한 사람들을 도와주는 것에도 관심이 많고 특히 친구들에게 지금 실제로 필요한 도움을 주면서 의미 있는 일을 해 주고 싶어 해요. 친구들이 필요로 하는 것을 빠르게 알아차리고, 친절하게 도와주기 때문에 늘 든든하고 유쾌함이 주변에도 전해져요. 대화를 할 때도 반응을 잘해서 말하는 사람이 더 많은 이야기를 하고 싶어지게 하며, 어색한 분위기를 즐겁게 바꿔 주지요.

# 선생님, 고민 있어요!

**ISFP · 하영**  **부탁을 거절하는 게 어려워요.**

**답변** 누군가의 부탁을 들어주는 것은 따뜻한 마음에서부터 시작돼요. 친구를 소중하게 생각하는 마음을 표현하는 방법일 수도 있고요. 그러나 부탁을 받았을 때 먼저 두 가지를 생각해 보면 좋을 것 같아요. 첫 번째, '이 부탁이 친구에게 꼭 필요한 부탁인가?', '너가 아니면 들어줄 사람이 없을까?' 두 번째, '친구의 부탁을 계속 들어 주면 내가 친구에 대해 실망하거나 부담스러워 하지 않을 수 있을까?'

이 두 가지를 생각하지 않고 부탁을 늘 들어주다 보면 오히려 친구가 부담스러워지거나 친구에게 섭섭한 마음이 쌓일 수 있어요. 부탁을 거절했을 때 친구가 서운해 할 수 있지만, 거절은 나를 위해서도 필요하다는 것을 꼭 기억해 주세요. 부탁을 거절하는 것이 친구를 거절하는 것은 아니랍니다.

**ESFJ · 은정**  **의욕이 앞서서 실수하는 것 같아요.**

**답변** 이왕 하는 것 적극적으로 하고 싶고, 왠지 잘해 볼 수 있을 것 같아서 했던 일들이 너무 마음이 앞서서 오히려 상황을 민망하게 만드는 경우가 있을 수 있어요. 마음은 그런 게 아니었는데, 실수를 하게 된 모습이 속상하기도 하고요.

혼자 하는 것이 아니라 누군가와 함께하는 것, 또는 누군가를 위해서 하는 일은 생각처럼 손쉽게 일이 풀리지 않는 경우도 많아요. 그래서 누군가를 돕고, 즐겁게 해 주고 싶고, 함께 뭔가를 하고 싶다면, 그것을 성공시킬 수 있는 계획을 생각해 보면 좋아요. '어떤 타이밍에 무엇을 하는 게 더 효과적일까?' 하고요. 그리고 다른 친구의 생각을 들어 보는 것도 도움이 돼요. 스스로에게 '조금만 진정하고 천천히 해 보자. 서두르지 않아도 괜찮아!'라고도 말해 보면 어떨까요?

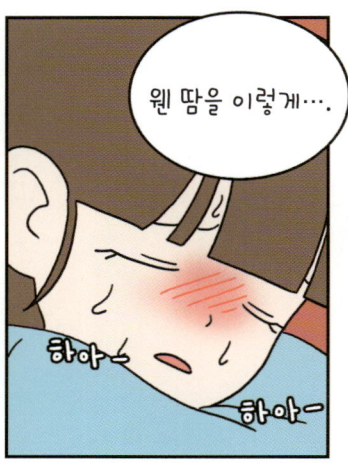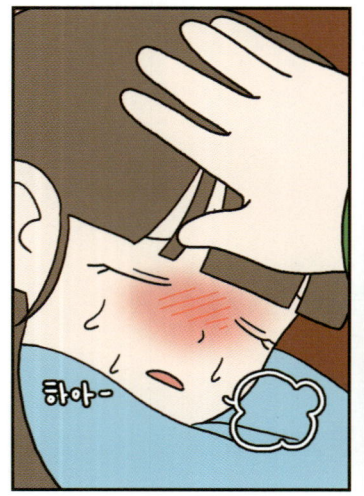

# INFJ / ENFP

**INFJ의 특징**

INFJ는 섬세하고 생각 많은 상상력 대장 유형이에요. 사람들과 똑같은 영화를 보고 나서도, 다른 사람들은 영화관을 나서자마자 바로 '뭐 먹을까' 등의 이야기를 나누며 일상 이야기로 전환이 빠르게 되는 반면, INFJ는 영화의 여운에서 빠져나오지 못하고 계속 영화 속의 세계에 들어가 있는 것처럼 생각에 잠겨 있을 때가 있어요. 특히 등장인물에게 감정 이입을 잘하는 특성을 보여요.

사람들에게 참 따뜻하고 공감하는 마음을 가지고 있을 뿐만 아니라 친구에게 숨겨진 좋은 면, 가능성이나 잠재력을 알아볼 줄 알아요. 때로는 '이런 것도 생각했어?' 싶을 정도로 생각이 깊어 어른스럽다는 느낌도 주고는 해요. 또한 조용하면서도 책임감이 강해서 묵묵히 자신이 맡은 일을 해내는 데 집중해요.

**ENFP의 특징**

ENFP는 순수하고 기발한 천진난만함의 결정체 유형이에요. 이들은 순수한 모습을 자주 보여 줘요. 자신에게 유리한지, 불리한지, 따지기보다는 스스로 중요하게 여기는 가치나 의미에 맞춰서 행동하거든요. 예를 들어 조별 숙제를 할 때, 다른 친구들은 어렵다고 피하려고 하는 주제에 대해서도 뭔가 '느낌'이 온다 싶으면 그 주제를 고르고 보죠.

또한 눈에 보이지 않는 가능성을 중요시하기 때문에 매 순간 다양하고 자유로운 관점에서 생각하는 특성도 있어요. 그래서 기발함을 보여 줄 때가 있지요. 창의적인 눈으로 세상을 바라볼 줄 알기 때문에 매사에 열정을 자주 발휘해요. 이 열정은 주변 사람들에게도 전해지다 보니, 함께하는 친구들은 이 성격 특유의 열정에 영향을 받으면서 더욱 열의를 가지고 함께하게 돼요.

# 선생님, 고민 있어요!

### INFJ · 선미     거절당하면 위축되고 힘들어요.

**답변** 내가 소중하게 생각하는 친구가 내 제안을 거절하면 '그럴 수도 있지'라는 생각으로 쿨하게 넘어가지 못하고 머릿속에 온통 거절의 순간이 메아리치는 경우가 있어요. 왜 거절을 받으면 마음이 한없이 무거워지고 슬퍼질까요? 이유는 마음속으로 그 거절의 의미를 너무 깊고 크게 생각하기 때문일 수도 있어요. 거절의 뜻을 '너의 모든 것이 싫어', '너랑 어떤 것도 할 생각이 없어', '예전과 마음이 변했어'로 해석해서 느끼고 있는 것은 아닌지 내 마음과 생각을 확인해 볼 필요가 있어요. 그리고 친구의 거절이 정확하게 어떤 것을 왜 거절한 것인지 조금은 더 객관적으로 파악해 보면 어떨까요? 그러면 내 슬픈 마음을 정리하는데 도움이 될 거라 믿어요.

### ENFP · 세아     친구가 저 말고 다른 친구를 사귀는 게 질투 나요.

**답변** 단짝 친구가 다른 친구와 즐겁게 지내는 모습을 보면 섭섭한 마음이 들 수 있어요. 내가 그 친구를 소중하게 생각하는 만큼 나도 그 친구에게 특별한 친구가 되고 싶은 마음은 자연스러운 것이니까요. 이런 마음이 들 때는 친구와 솔직한 대화를 하는 것이 좋아요. 단, 친구에게 섭섭하다고 하거나 다른 친구를 사귀지 않았으면 좋겠다고 말하라는 것은 아니에요.

'나는 너를 정말 단짝 친구로 생각해. 그래서 너와 함께 놀고 싶고, 특별한 친구로 생각하고 싶은데, 너도 그런 마음이면 좋겠다는 생각을 해 봤어. 이런 내 마음이 어때?'라면서 솔직히 내가 바라는 마음을 표현하는 거죠. 다만 친구가 다른 친구를 만나는 방식은 나의 성격이나 마음과는 다를 수 있기 때문에 그 대답이 꼭 '알겠어'가 아닐 수 있다는 생각도 필요해요.

밤늦게까지 제가 좋아하는 것들을 하느라 잠이 부족하거든요.

그림도 그리고 책도 읽고 사진도 찍고

하고 싶은 게 참 많아요.

저만의 상상이나 시선을 표현하는 게 참 재미있거든요.

날씨 참 좋다. 이대로 아무 것도 안하는 것도 좋아.

그러다 보니 정작 시작한 것을 마무리하지 못하는 일이 생기는 것 같아요.

그 친구는 감성적인 사진을 잘 찍는 것 같아 너무 부러워요.

어떤 애인지 궁금하네.

저는 사진의 기술적인 부분은 조금 알지만 감성적인 느낌을 담아내는 건 좀 어려운 것 같아요.

응? 질문이 올라와 있네?

오!

:질문하기

혹시 사진 기술에 대해 알려 주실 분 있나요?

잠보 열혈 사진사

혹시 사진 기술에 대해 알려 주실 분 댓글 부탁합니다.

헤헷~ 그래도 기술 쪽은 내 전문이지~

책임감이 강하고 늘 열심히 한다고 칭찬도 많이 받지만

# INFP / ENFJ

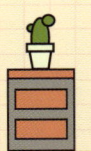

### INFP의 특징

INFP는 다정하면서도 나만의 생각이 뚜렷한 몽상가 유형이에요. 상상이 워낙 풍부하다 보니 그 상상의 미로를 한참 거쳐 다니다가 입 밖으로 나온 말은 다른 사람에게 엉뚱하게 느껴지기도 하지요. 이들의 상상력은 어제 읽은 책, 아까 가족들과 함께 본 드라마 같은 것에서 느낀 나의 감정이나 생각과 연결되어 있어요. 그리고 머릿속으로 상상의 세계를 펼치는 동안 누구보다 행복한 만족감을 느끼지요.

　말수가 적고 조용해서 배려심이 겉으로 드러나지는 않지만, 속으로는 누구보다 친구들을 생각하고 배려하는 마음이 커요. 사람들의 감정에 눈치가 빠르고, 사람들을 따뜻하게 대하려는 노력을 많이 해요. 그리고 곤란한 상황에 처한 사람을 외면하는 것을 매우 어려워해서 자신보다 친구를 더 챙기는 모습도 자주 보이고는 해요.

### ENFJ의 특징

ENFJ는 열정적이고 책임감이 강하며 감성적인 유형이에요. 이들의 감정은 매우 풍부하고 예민해서 다양한 감정을 느낄 뿐만 아니라 친구들의 기분이 어떤지도 매우 섬세하게 알아차려요. 또한 다른 친구의 기분까지도 자신이 먼저 걱정하고 내 일인 것처럼 나서서 처리해 주려고 이런저런 신경을 많이 쓰기도 해요.

　자신에게 맡겨진 일에도 책임감이 매우 강하고 목표가 있는 일의 경우에는 어떻게든 끝까지 해내려고 하는 끈기도 강해요. 주변 사람들에게 마음이 따뜻하다는 말을 많이 듣지만, 누군가의 말에 쉽게 상처 받는 연약함도 함께 갖고 있는 특성이 있어요.

# 선생님, 고민 있어요!

**INFP · 태우**  이것저것 하느라 마무리를 못하겠어요.

> **답변** 시작만 하고 마무리는 하지 않는 모습이 반복된다면 생활 태도를 돌아볼 필요가 있어요. 현실적으로 모든 것을 다 할 수 없는데 호기심을 채우기 위해 많은 것을 한꺼번에 시작하지 않았는지 생각해 보면 좋을 것 같아요.
>
> 시작을 했다고 모든 것을 마무리해야 하는 것은 아닐 수 있지만, 적어도 어떤 시작을 할 때 계획표를 세워 보는 것은 좋겠어요. 예를 들면, 세 가지 이상은 새로운 것을 하지 않는다는 규칙을 정하는 거예요. 머릿속에서 상상하던 것을 행동으로 실천하는 태도는 '추진력'이라는 매우 중요하고 매력적인 능력이에요. 여기에 '완결'이라는 미션까지 클리어 한다면 더욱 좋겠죠. 지루하고 힘든 순간을 지나 마무리 했을 때의 뿌듯함과 의미를 꼭 느껴볼 수 있기를 응원해요.

**ENFJ · 경수**  남과 저를 자꾸 비교하게 돼요.

> **답변** 끊임없이 남과 나를 비교하는 생각이 계속 된다면 참 슬플 것 같아요. 우리는 언제나 모든 것에서 최고일 수 없어서, 어느 때는 나보다 더 반짝이는 사람을 만나기도 하죠. 누군가와 비교하면서 내가 작아진다는 마음이 들 때, 잠깐 뒤를 돌아서 내가 걸어 온 과정과 과거를 생각하면 좋을 것 같아요. 나는 어제와 다른 오늘을 멋지게 살고 있고, 어설프게 했던 것을 누구보다도 잘하는 능숙함을 갖추기도 했을 거예요.
>
> 내가 나를 한 번도 잘한 적이 없었던 것처럼 평가했구나 하는 오해를 인정해 보는 건 어떨까요? 그리고 나에게 이렇게 말해 봐요. '모든 것을 잘할 필요가 있을까? 내 모습 그대로도 충분한데!' 그러면 실수를 조금이나마 줄일 수 있을 거예요. 그리고 실수했다면 먼저 사과하는 멋진 용기를 갖고 있다면 더욱 좋겠죠?

# INTJ / ENTP

**INTJ의 특징**

INTJ는 모든 것을 진지하고 끈기 있게 탐구하는 사색가 유형이에요. 호기심 중에서도 지적 호기심이 매우 높은 유형으로 자신이 궁금한 것에 대해서는 '왜?'라는 질문을 반복하면서 엄청난 끈기와 집중력을 발휘해 파고드는 특성을 갖고 있어요. 어떤 것을 발견하면 그것 뒤의 원리를 이해하고 싶어 해요. 뭔가 알아가는 과정 자체에 만족하기 때문에 누가 물어보지 않는 한 다른 사람에게 자기가 알아낸 것을 일부러 말하거나 잘난 척하지 않아요.

깊이 있게 생각하기를 좋아해서 행동하기 전에 생각이 참 많아요. 그러다 보니 행동하는 속도는 느리죠. 오랜 생각을 거쳐 한번 결정한 것에 대해서는 흔들림 없이 끈기를 발휘해서 밀고 나가요. 매우 독립적이고 다양한 사물이나 현상에는 호기심이 많은 반면, 사람에는 관심이 적어서 무심하다는 느낌을 줄 수 있어요.

**ENTP의 특징**

ENTP는 활발하고 독창적인 카리스마 넘치는 유형이에요. 어려운 문제를 마주하면 물러서기보다는 오히려 더욱 흥미를 느껴요. 그리고 창의성을 발휘해서 문제를 해결해 나가고는 하죠. 또한 자신이 새롭게 발견한 가능성이나 새로 낸 아이디어에 대해서 논리적, 분석적으로 바라보는 것을 좋아해요. 그리고 그 아이디어를 펼쳐 나가면서 확실한 논리와 근거로 뒷받침하려고 하지요.

그렇기 때문에 자신이 한 번 결론을 내린 것에 대해서는 확고한 모습을 보여요. 충분한 생각을 거친 자신의 결론이 논리적으로 옳다고 굳게 믿고 있는 거죠. 이처럼 자신의 논리에 대한 자부심이 강하기 때문에, 자신이 납득할 만한 근거나 다른 논리가 없다면 자신의 주장을 좀처럼 꺾지 않는 고집스러운 모습을 보이기도 해요.

# 선생님, 고민 있어요!

**INTJ · 장우**  제가 사소한 것에 집착한대요.

**답변** 지적 호기심이 높은 사람들은 작은 원리 하나에도 깊이 생각하기 때문에 다른 성격의 친구들이 느낄 때는 사소한 것에 깊이 파고든다는 생각을 할 수 있어요. 사소한 것도 지나치지 않고 정확하게 이해하는 모습은 잘못된 것이 아니에요.

유명한 그림인 모나리자에는 눈썹이 없지요. 눈썹은 사소한 것일지도 모르지만, 눈썹이 없다는 사소한 것을 포착하는 섬세함이 모나리자의 포인트이기도 해요. 따라서 작은 부분을 파악하는 모습은 장점이랍니다. 다만 나의 기준을 사람들에게 강요만 한 것은 아닌지, 나의 디테일을 따지는 순간이 꼭 지금이어야 하는지는 생각해 보면 어떨까요?

**ENTP · 준혁**  고집이 센 게 나쁜 건가요?

**답변** 고집은 나쁜 걸까요? 고집이 세다는 말은 보통 자기주장을 굽히지 않을 때 사용하는 경우가 있어요. 자기주장을 갖고 표현하라고 배웠는데, 고집이 세다고 하면 혼란스럽죠. 생각의 과정을 충분히 거쳐서 내린 결론을 바꾸는 것은 결코 쉬운 일이 아니에요. 그 방법이 옳고 효과적일 때는 쉽게 바꿀 필요도 없죠.

그러나 우리가 고집이 세다고 하는 것은 어떤 것을 할 때, 자신의 방법만을 주장하면서 그 외의 방법을 무시하는 태도를 보일 때 해요. 다양한 경험과 논리적 생각으로 나만의 생각을 갖고 있는 것은 멋진 것이랍니다. 하지만 꼭 한 가지 방법만 있지 않을 때는 다른 방법도 시도해 보세요. 다른 사람의 의견을 충분히 생각하고 소통한다면 고집이라는 것은 나쁜 것만은 아니랍니다.

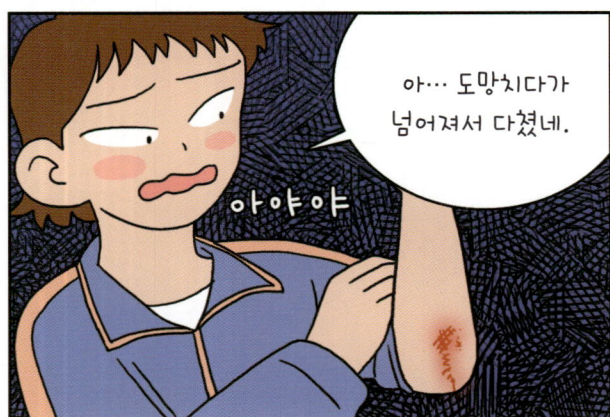

# INTP / ENTJ

## INTP의 특징

INTP는 호기심이 많지만 좋아하는 것과 싫어하는 것이 분명한 유형이에요. 한번 호기심이 발휘되면 그 주제에 대해서는 끝까지 파고들어서 해당 주제에 대해서는 '백과사전' 수준으로 마스터해요. 보통 나이가 어릴수록 집중할 수 있는 시간이 짧고 깊이가 얕은데, 이 성격 유형은 나이와 상관없이 집중력이 높아요. 궁금한 것이 생기면 알아낼 수 있는 모든 것을 알아내려는 기세로 파고들어요.

게다가 궁금한 주제에 대해서 뭔가 알아가는 과정 자체를 즐겨서, 복잡하고 어려운 주제라고 해서 움츠러들지 않고 오히려 더 흥미로워하면서 알아가고는 해요. 이들의 성격 특성 중 또 하나는 논리 정연함이에요. 간혹 대화할 때 논리적으로 말이 되지 않는다고 느끼면 이를 동의하지 않아서 가끔 대하기 어려운 성격으로 느껴질 수도 있어요.

## ENTJ의 특징

ENTJ는 원칙에 충실하고 당당한 타고난 리더 유형이에요. 자신이 옳다고 믿는 원리 원칙을 흔들림 없이 유지하는 카리스마와 리더십이 있어요. 여러 상황에서 눈에 보이지 않는 의미를 알아차리고 문제의 핵심을 재빨리 파악하는 데 능숙하며 공정함을 가지려 노력해요. 자신이 중요하게 여기는 목표를 세우면, 그 목표를 달성하기 위한 계획을 추진하는 데 거침없어요.

관심사 자체도 과정보다 결과, 성취에 관심이 많기 때문에 그 누구보다도 최선을 다하는 면도 두드러지고요. 이러한 일관된 모습은 매우 힘 있게 느껴지며, 리더로서의 흔들림 없는 카리스마와 공정함을 보여요. 논리적이고 최선을 다하는 모습을 통해 친구에게 강한 신뢰를 주는 성격적 매력을 갖고 있어요.

# 선생님, 고민 있어요!

### INTP · 현욱  감정을 표현하면 사람들이 당황해요.

**답변** 자신의 생각을 정확하게 설명할 수 있는 것은 좋은 강점이에요. 그러나 지식과 관련된 정보를 주고받는 상황이 아니라면 감정을 표현 할 때 다음을 신경 써 볼까요?

첫 번째, 내가 말하고 싶은 것이 내 앞의 친구를 부끄럽게 하거나 상처를 받게 하는 말인지 생각해 보기. 아무리 도움이 되는 말이라도 바로 표현하기보다는 친구랑 단둘이 있을 때 살짝 이야기하면 좋아요. 두 번째, 내가 느끼는 감정이 상대방에게 불편할 수 있는지 생각해 보기. 모두가 즐겁게 놀고 있는데, 그 놀이가 나에게 지루하다고 해서 '너무 지루하다'라고 하면 한창 신나서 놀고 있는 친구들이 민망해질 수 있겠죠. 이럴 때는 '잠깐 화장실 좀 다녀올게'라는 식으로 다른 사람을 배려하는 방법도 생각해 보면 좋을 것 같아요.

### ENTJ · 여진  뭐든지 이기고 지는 걸로 생각하게 돼요.

**답변** 목표를 세우고 그것을 이루었을 때 느끼는 뿌듯함은 특별한 선물 같은 감정이에요. 그렇지만 모든 순간이 경쟁이 된다면, 우리는 긴장 속에서 살아가게 될 거예요.

마음속에 자주 친구들과 경쟁하는 마음이 자주 생긴다면 다음과 같이 해 보면 좋겠어요. 첫 번째, 이긴다는 것이 꼭 나를 멋진 사람으로 만드는 일인지 생각해 보기. 두 번째, 졌다는 내 마음을 신경 쓰느라 누군가의 기쁜 순간을 함께 축하하는 것을 놓치고 있지 않은지 생각해 보기. 이기고 지는 것과 상관없이 함께 박수쳐 주고 안타까워 해 주는 친구들이 내 곁에 있는 것은 이기는 경험보다 더 소중해요.

## ✤ 에필로그 ✤
# 열여섯 빛깔 우리들

INTP  ENTJ  ENTP  INTJ  ISTP  ESTJ  ISFP  INF

# MBTI 돋보기

책을 다 읽었다면
**MBTI 성격 유형별 공부법**과
**열여섯 가지 유형별 특징**을 살펴봐요.
친구나 부모님과 함께 서로의
MBTI를 찾아보고 이야기 나누면
더욱 좋아요!

# IS 유형의 공부법

- 기초부터 차근차근 배우는 것을 좋아해요.
- 학습 분량과 계획 일정을 눈으로 볼 수 있도록 정리하면 편안해요.
- 수학의 경우 단계별로 차근차근, 아는 것을 확실하게 다지면서 공부하고 싶어요. 지나치게 빠른 선행 학습은 좋아하지 않아요. 다만, 정확한 방향만 알려준다면 가끔은 현재의 수준보다 어려운 문제도 도전하고 자연스럽게 스스로 계획과 속도를 조절할 수 있어요.
- 공부해야 하는 이유를 먼 미래에 대한 내용으로 설명하기보다 주변의 가까운 사람, 상황 등을 예시로 설명해 주면 더 동기 부여가 돼요.
- 왼쪽에 쌓아 놓은 문제집을 다 풀면 오른쪽으로 쌓아 놓는 방법처럼 오늘 할 분량이 마무리 되었다는 것을 눈으로 확인하면 좋아요.
- 스스로 선택한 공부 방법을 유지하고 싶어 해요. 아무리 효과적이라고 하더라도 새로운 시도를 하려면 다른 사람보다 훨씬 다짐이 필요해요.
- 일단 시작하면 꾸준하게 마무리하기 때문에, 조바심 내지 말고 믿고 기다려 주세요.

#내향형I  #감각형S  #감각적인내향형

# IN 유형의 공부법

- 공식을 암기하기보다는 공식이 만들어진 과정을 먼저 설명해 주세요.
- 내가 알고 있는 것보다는 조금 더 어려운 것에 도전하는 것을 좋아해요. 그렇다고 너무 어려운 것은 싫어요.
- 무언가 푹 빠져서 생각하고 탐구할 수 있는 내 공간과 시간이 있으면 좋겠어요. 충분한 시간은 내가 정할 수 있다면 더 좋고요.
- 암기 위주로 공부 방법을 제시하면 흥미가 떨어져요. 기본 원리와 개념을 먼저 파악한 후 간단한 암기는 자연스럽게 할 수 있어요.
- 깊은 탐구와 이론에 대한 복잡한 구조를 생각하고 싶은 나에게 족집게처럼 알려 주는 수업은 좀 실망스러운 공부 방법이에요. 급할 때는 활용하겠지만, 평소에는 그렇게 공부하는 것을 불편하게 생각해요.
- 원리를 정확히 알고 나면 흔들림 없이 잘해낼 수 있으니, 기초를 튼튼하게 기를 수 있게 도와주세요.
- 빠르게 진도가 나가지 않는다고 걱정하지 마세요. 스스로 이해가 완료되면 좋은 점수를 받을 자신이 있어요.

#내향형I  #직관형N  #직관적인내향형

# ES 유형의 공부법

ESTJ · 민수   ESTP · 지현   ESFJ · 은정   ESFP · 민재

- 설명과 암기보다는 체험으로 가르쳐 주세요. 누구보다 신나게 배울 자신 있어요.
- 체험으로 깨닫게 된 원리는 어렵지 않게 시험 문제에 응용할 수 있어요.
- 책상 앞에서만 가만히 앉아서 공부하라고 하면 오히려 집중이 안 돼요.
- 단기간 벼락치기로 암기 과목을 공부할 수는 있지만, 벼락치기는 저랑 맞지 않아요.
- 혼자 하는 공부보다는 함께 모여서 이야기하며 배우는 것을 더 잘해요. 토론과 그룹 수업 방식이 더 재미있어요.
- 과제를 내 줄 때는 구체적인 방법과 무엇을 어떻게 해야 하는지를 자세히 설명해 주면 더 잘할 수 있어요.
- 이론 – 문제 – 이론 – 문제 방식으로 이해한 것을 문제에 적용하는 과정이 섞여 있으면 습득한 내용을 확인할 수 있어서 더 도전하고 싶은 마음이 생겨요.
- 끝까지 어떤 것을 마무리했을 때, 칭찬을 많이 해 주면 좋겠어요.
- 에너지와 행동력이 넘치기 때문에 공부를 할 때 다양한 방식, 매체를 이용해 주세요. 책만 보는 것은 아쉬워요.

#외향형E   #감각형S   #감각을사용하는외향형

# EN 유형의 공부법

ENTJ · 여진   ENTP · 준혁   ENFJ · 경수   ENFP · 세아

➜ 비슷한 것을 반복해서 기록하며 암기하도록 하면 너무 재미없어요.

➜ 공부를 해야 하는 이유를 가끔 함께 이야기하거나 알려 주면 더 애착이 생겨요.

➜ 실력이 부족해도 어려운 수준에 도전하는 것에 거침없어요. 쉬운 문제는 지루할 수 있으니 난이도 높은 문제도 섞어 주세요.

➜ 스스로 공부 범위를 만드는 것이 좋아요. 자기 주도 학습이 딱 맞아요.

➜ 남들과 다른 방법으로 공부한다고 해서 걱정하지 마세요. 새로운 공부 방법 자체를 생각해 내는 것이 공부를 즐겁게 하는 방법 중 하나니까요.

➜ 친구들과 모여서 함께하는 공부가 좋아요. 어떤 주제를 가지고 새로운 아이디어와 해결 방법을 찾아가는 유형의 과제라면 조별 활동으로 해 주세요.

➜ 시끄럽게 소리 내며 공부한다거나, 방을 돌아다니면서 책을 본다거나, 방 안 가득 시험지가 널려 있다고 해서 집중에 방해되는 것은 아니에요. 조용히 앉아서 공부해야만 효과가 있는 건 아니니 저를 믿어 주세요.

➜ 복잡한 문제는 도전 의식을 자극할 때가 있어요. 단순한 것보다는 복잡한 것도 환영하기 때문에 다양한 문제를 자주 제시해 주세요.

#외향형E   #직관형N   #직관적인외향형

#혼자놀기의달인

#육하원칙으로말해줘

#섬세함의끝판왕

#몰입도최강

# ISTP 하람

### 매력 포인트

▶ 손재주가 뛰어남
▶ 돌발 상황에도 침착하게 행동함
▶ 좋고 싫음이 분명함

- ✅ 누가 먼저 묻기 전에 자신의 이야기를 많이 하지 않아요.
- ✅ 좋아하는 것과 싫어하는 것에 대한 열정과 의욕의 온도차가 큰 편이에요.
- ✅ 방해 받지 않고 자유로움을 만끽하는 것을 중요하게 생각해요.
- ✅ 어떤 환경에도 쉽게 적응하며 요령을 빠르게 파악해요.
- ✅ 솔직하게 나의 감정을 표현하는 것이 어색하기도 해요.
- ✅ 관심사에 파고들며 자기만의 세계를 만드는 것을 즐겨요.
- ✅ 친구가 고민을 이야기해도 스스로 판단에 그렇게 느낄 만한 일이 아니면, 무조건적으로 공감하지는 않을 수 있어요.
- ✅ 수줍음이 많지만 좋아하는 것에는 열정적이에요.

#싫은소리못함

#말싸움전투력제로

##조용하고감각적

#숨은인기인

# I S F P  하영

**매력 포인트**
▶ 여유롭고 침착함
▶ 반전 매력의 소유자
▶ 소리 없지만 강한 스타일

- ☑ 조용하고 느긋하면서도 끼가 많은 숨은 인기인이에요.
- ☑ 그 누구보다도 낭만적이고 예술적인 끼를 갖고 있어요.
- ☑ 자신보다 다른 사람의 입장을 더 헤아리느라 힘들어도 참을 때가 많아서 혼자 속앓이를 하고는 해요.
- ☑ 지루함을 피하고 매 순간 새로운 경험을 하는 것을 즐겨요.
- ☑ 딱딱한 설명이나 반복적인 연습을 지겨워하고 몸으로 부딪히는 활동을 좋아해요.
- ☑ 주변 환경이 바뀌거나 예상치 못한 일이 생겨도 조바심 내지 않아요.
- ☑ 말보다는 다정한 행동으로 사람들에게 따뜻함을 느끼게 해요.

#지적호기심
#예리한관찰력
#똑부러짐
#비범한사색가

# INTJ 장우

**매력포인트**
- 지적 호기심이 뛰어남
- 모르는 것을 알기 위해 노력함
- 예리하고 통찰력이 뛰어남

☑ 모든 것을 진지하고 끈기 있게 탐구하는 사색가예요.
☑ 관심 있는 주제에 대해서 그 누구보다 철저하고 깊이 있게 논리적으로 탐구해 나가기를 즐겨요.
☑ 다양한 사물이나 현상에 호기심이 많지만 사람에게는 관심이 적어요.
☑ 누가 물어보지 않는 한 다른 사람에게 자기가 알아낸 것을 일부러 드러내며 잘난 척하지 않아요.
☑ 공부할 때는 원리를 깨우치면 습득이 빨라요.
☑ 자신이 세운 목표에 따라 완벽하게 실현하고자 노력해요.
☑ 문제 해결에 도움을 주지만 사람을 위로하거나 공감하는 것을 어려워해요.

#팩폭꾸러기
#공감능력낮음
#자발적아싸
#논리정연함

# INTP 현욱

### 매력 포인트
 좋아하는 것에 대해 깊게 탐구함
- 감정이 차분해서 믿음직스러움
- 논리적으로 자신의 생각을 표현함

-  좋아하는 것과 싫어하는 것이 분명하고 혼자 있는 것을 즐겨요.
-  관심 있는 주제에 대해서 알아내기 위해 다양한 책을 읽고 매체를 활용하면서 백과사전 수준의 지식을 쌓아요.
-  분석과 추리, 논리적으로 말하기를 즐겨서 주변 사람들에게 차갑다거나 진지하다는 인상을 줄 수 있어요.
-  일상적이거나 가벼운 잡담에 크게 관심이 없어요.
-  이해가 빠르고 대상을 파악하는 통찰력이 있어요.
-  사람에 대해 관심이 적고 감정에 공감을 잘 못해요.
-  지적 호기심과 상상력의 불씨가 언제든지 타오를 준비가 되어 있어요.

#다방면예술가
#온라인에서주로활동
#나른한몽상가
#조용한관종

# INFP 태우

## 매력 포인트
▶ 풍부한 감성과 미적 감각을 가짐
▶ 사람들에게 너그럽고 따뜻함
▶ 잠재된 끼가 무궁무진함

- ✓ 다정하면서도 자신만의 생각이 뚜렷한 몽상가예요.
- ✓ 사람들의 감정에 눈치가 빠르고 사람들을 따뜻하게 대해요.
- ✓ 흥미가 제대로 꽂히면 아무도 생각해 내지 못하는 작품을 혼자서 뚝딱 만들어 내요.
- ✓ 예술적 감각이 뛰어나고 취미가 다양해요.
- ✓ 비판에 약하고 쉽게 상처 받아서 혼자서 힘들어 하는 일이 잦아요.
- ✓ 다양한 아이디어가 있어서 여러 일을 시작하지만 마무리를 잘 못하는 편이에요.
- ✓ 관심사에 몰두하거나 여러 생각을 하느라 새벽에 잠드는 경우가 많아요.

#뒤끝없는화끈함

#유머는책으로배움

#거침없는능력자

#목표는이룬다

# E S T J 민수

### 매력 포인트
- 질서와 규칙을 지킴
- 추진력이 뛰어남
- 성실하고 믿음직스러움

- ☑ 씩씩하고 책임감이 강한 리더 유형이에요.
- ☑ 좋은 결과를 내는 것을 중요시하고 비효율적인 일을 못 견뎌요.
- ☑ 질서와 규칙이 없는 상황을 불편해 하는 경우가 많아요.
- ☑ 자신의 목표나 계획에 맞지 않으면 칼 같이 선을 긋기 때문에 냉정한 느낌을 주기도 해요.
- ☑ 어떤 일이든 공정하고 정확하게 판단하려고 노력해요.
- ☑ 효과적인 것을 우선시해서 친구들의 장점이나 노력을 인정하는 데 소홀해 질 수 있어요.
- ☑ 스트레스를 쌓아 두다가 갑작스럽게 화를 낼 수도 있어요.

#에너지뿜뿜 #귀신같은눈치 #누구와도잘어울림 #문제해결사

# ESTP 지현

### 매력 포인트
 어떤 상황에도 유연하게 적응함
선입견이 없음
명랑하고 친화력이 뛰어남

-  규율, 규칙을 엄격하게 지키기보다는 매 순간 상황에 맞춰서 적응해요.
-  어떤 일을 할 때 적극적으로 행동하며 에너지가 넘쳐요.
-  딱딱한 설명이나 반복적인 연습을 지겨워해요.
-  몸으로 부딪히고 교감할 수 있는 활동을 선호해요.
-  자신의 입장을 논리적으로 설득력 있게 전달하는 데 능숙해요.
-  새로운 것에 대해서 자유분방하고 열린 태도로 다가가요.
-  자신의 행동이 불러올 결과에 대해서 깊이 생각하지 않고 순간의 느낌에 따라 즉흥적으로 행동하기도 해요.
-  재치가 뛰어나고 유머 감각이 있어서 곤란한 상황의 분위기를 잘 바꿔요.

#리액션은나야나

#분위기메이커

#학교생활프리패스

#봉사의아이콘

# E S F J 은정

**매력 포인트**
- ▶ 생기발랄한 분위기 메이커
- ▶ 누구에게나 붙임성이 좋음
- ▶ 맡은 바를 꼼꼼하게 해냄

- ☑ 명랑하고 쾌활하며 잘 웃고 감정 표현이 풍부해요.
- ☑ 친구들에게 도움을 주는 의미 있는 일을 하고 싶어 해요.
- ☑ 어떤 상황이나 말을 감정적으로 받아들여서 과도하게 위축되거나 속상해 하기도 해요.
- ☑ 자신이 좋아하는 사람의 말은 무조건적으로 받아들이고는 해요.
- ☑ 친절하게 도와주기 때문에 늘 든든하고 유쾌함이 주변에도 전해져요.
- ☑ 과제나 공부를 꼼꼼하게 해내며 주변을 깔끔하게 정리하기를 즐겨요.
- ☑ 친구들에게 도움을 주거나 의미 있는 일을 해 주고 싶어 해요.
- ☑ 삶의 의미와 가치를 탐구하는 주제에 관심이 많아요.

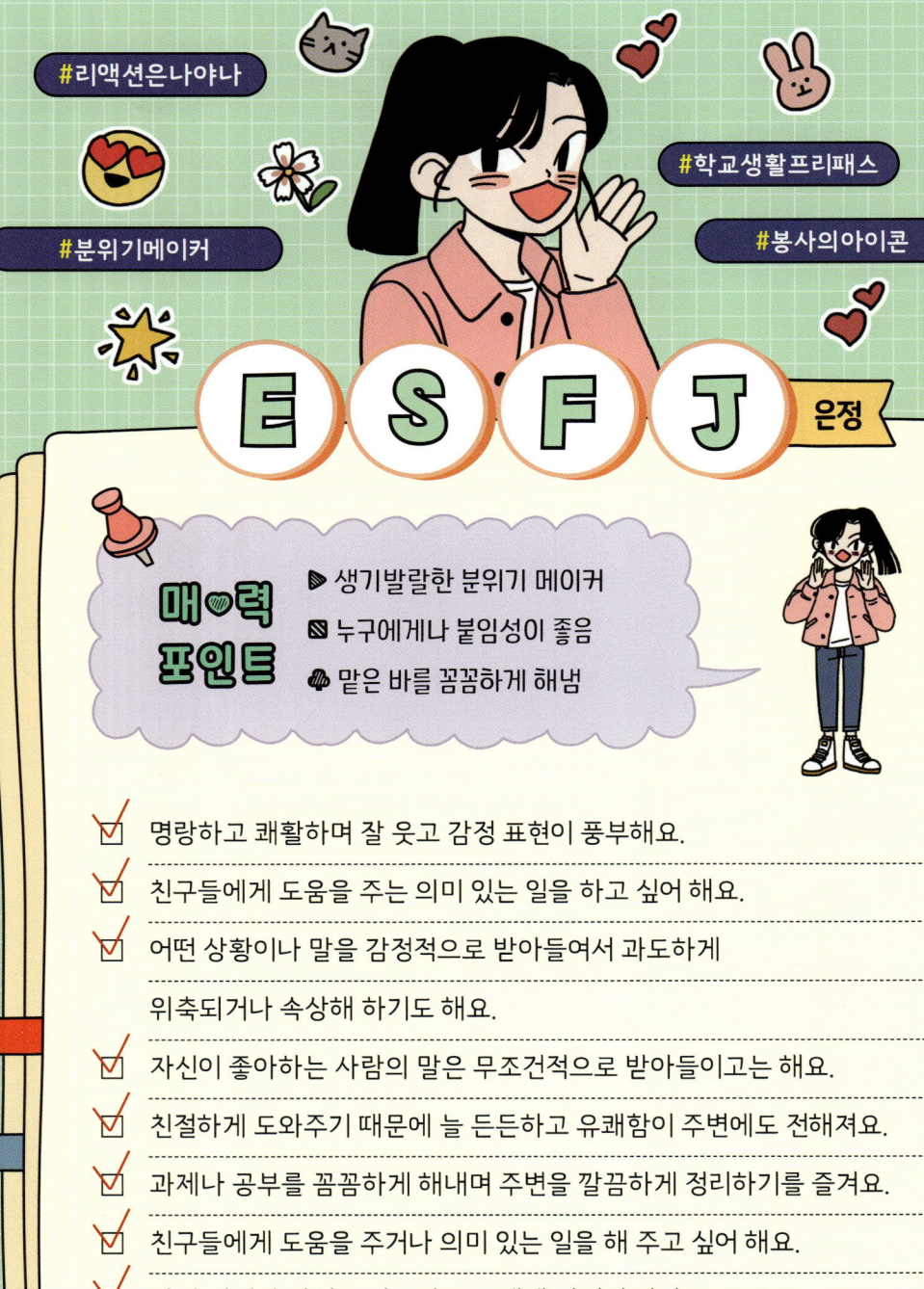

#이벤트제조기 #단순한게좋아
#고민은거절한다 #쾌활한핵인싸

# E S F P 민재

**매력 포인트**
- 주변에 친구가 많음
- 분위기 파악을 잘함
- 사람들을 즐겁게 해 줌

- ✅ 늘 명랑하고 장난기 가득한 모습을 보여요.
- ✅ 호기심이 많고 새로운 경험을 하는 것을 즐겨요.
- ✅ 사람들 사이에서 밝고 즐거운 분위기를 잘 이끌어 낼 수 있어요.
- ✅ 매 순간 끌리는 느낌대로 일을 시작하기 때문에 산만해지기 쉬워요.
- ✅ 어떤 상황이나 환경의 변화에도 잘 적응해요.
- ✅ 마냥 명랑할 것 같지만 친구들의 감정을 섬세하게 느끼기도 해요.
- ✅ 깊게 생각하지 않고 일을 벌이다가 끝이 흐지부지 되기도 해요.
- ✅ 특유의 명랑함과 친화력으로 어떤 사람과도 빠르게 친해져요.
- ✅ 되도록 깊게 고민하지 않고 단순하게 생각해요.

#재미는나의힘

#말로는나를못이겨

#근거있는고집

#나를따르라

# E N T P  준혁

**매력 포인트**
▷ 모험심이 강함
▷ 활발하고 독창성이 넘침
▷ 복잡한 문제를 논리적이게 풀어냄

☑ 어려운 문제를 마주하면 오히려 흥미를 느끼고 창의성을 발휘해요.
☑ 확실한 근거로 자신의 생각을 말로 표현해서 토론이나 논쟁을 잘해요.
☑ 항상 새로운 것을 추구하며 반복하는 일을 힘들어 해요.
☑ 과제나 연습을 미루다가 마지막에 몰아서 하고는 해요.
☑ 새로운 것에 도전하는 것을 즐기고 용감해요.
☑ 자신의 논리에 대한 자부심과 확신이 강해서 주장을 꺾지 않는 고집스러운 모습을 보이기도 해요.
☑ 반복적인 일을 싫어하고 좋고 싫음이 분명해요.
☑ 자신의 생각에 대한 정당한 비판은 기분 나빠하지 않고 쿨하게 인정해요.

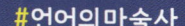
#언어의마술사

#책임감강한감성파

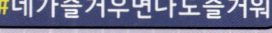
#네가즐거우면나도즐거워

#칭찬은나를춤추게해

# E N F J  경수

**매력 포인트**
- 감정이 풍부하고 마음이 따뜻함
- 책임감이 강하며 끈기 있음
- 친구들과 두루두루 잘 어울림

- ✅ 말솜씨가 좋아서 설득하는 데 뛰어난 능력을 갖고 있어요.
- ✅ 사람과 시간을 보내는 것을 좋아하고 어디서든 인기가 많아요.
- ✅ 사람들을 한없이 배려하는 따뜻한 마음의 소유자예요.
- ✅ 누군가의 말에 쉽게 상처 받는 연약함이 있어요.
- ✅ 사람에게 관심이 많아서 친구에게 다양한 질문을 하며 사람들의 이야기를 듣는 것을 좋아해요.
- ✅ 남의 일을 자신의 일인 것처럼 나서서 챙기며 신경 써요.
- ✅ 갈등과 논쟁을 싫어해서 화가 나도 잘 참아요.
- ✅ 맡은 일에 책임감이 매우 강하고 끝까지 해내려는 끈기가 강해요.

#호기심천국
#순수한매력덩어리
#갑자기결정함
#느낌이온다

# ENFP 세아

## 매력 포인트

▶ 감수성과 상상력이 풍부하고 기발함
▶ 느낌 오는 대로 판단하고 자유로움
▶ 천진난만하며 정이 많음

- ✅ 창의적인 눈으로 세상을 바라보기 때문에 열정을 자주 발휘해요.
- ✅ 자신의 입장을 논리적으로 설명하기보다는 상대방이 먼저 알아주기를 바라다가 마음이 상하는 경우가 종종 있어요.
- ✅ 사람들의 반응에 대해 민감해서 감정 기복을 브이기도 하지만 기분이 풀리면 쿨하게 바로 사과해요.
- ✅ 규칙이나 해야 할 일을 챙기기를 어려워해요.
- ✅ 무엇을 할 때 '느낌이 온다' 싶으면 용감하게 행동해요.
- ✅ 복잡하고 어려운 문제를 해결해 나갈 때 독창성을 발휘하는 경우가 많아요.
- ✅ 순수하고 천진난만하며 관심 있는 일은 척척 하내요.

# 정식 MBTI 검사 안내

아이의 가장 자연스러운 모습과
잠재된 가능성이 궁금한 부모님께

MBTI 성격 유형 검사는 국제적으로 널리 사용되고 있는
전문적인 심리 검사 도구입니다.
인터넷상에서 무료로 검사하는 MBTI 사이트는 정식 검사가 아닙니다.
정식 유료 검사가 필요하다면 아래 QR 코드를 통해 검사가 가능합니다.

 **자녀 MBTI 검사 +
부모 MBTI 양육 보고서**

※ 초등학교 3학년부터 검사할 수 있습니다.
※ 어린이 혼자서 이용할 수 없습니다. 보호자와 상의하세요.

호시담심리상담센터
www.hosidampsy.com | 02-745-1052

이 페이지는 호시담심리상담센터와 마음씨가게에서
운영하는 심리 상담 전문가 MBTI 프로그램 안내입니다.
자세한 내용은 QR 코드와 호시담심리상담센터를 통해
확인하세요.

## 어린이 분야 최초
# MBTI 성격 유형 만화 시리즈!

❶ 성격 유형

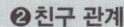

❷ 친구 관계

❸ 가족 관계

❹ 학습 유형

❺ 진로 선택

### 시리즈 특징

- 개성 가득한 MBTI 캐릭터들의 이야기를 만화로!
- 권별 주제에 관한 고민을 심리 상담 전문가의 답변으로 해결!
- 유형별 특징, 친구 관계, 가족 관계, 공부법 수록!
- MBTI 포토 카드부터 공부 플래너까지, 권별 특별 부록 증정!

★ 총 5권 ★